Couvertûres supérieure et inférieure
manquantes.

LETTRE

DE

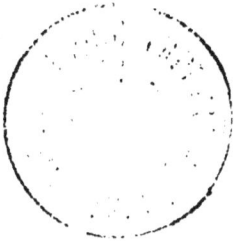

M. DURAND

A M. LE MINISTRE DE L'INTÉRIEUR.

TOULON

TYP. ET LITH. Vᵉ E. AUREL, RUE DE L'ARSENAL, 13.

1868

SON EXC. M. LE MINISTRE DE L'INTÉRIEUR,

à Paris.

J'ai l'honneur de répondre à votre dépêche du 22 juillet, m'annonçant que, sur l'examen de mon dossier et les EXPLICATIONS fournies par Monsieur le Préfet du Var, vous mainteniez la délibération du Conseil Municipal de La Seyne, en date du 6 août 1866 qui met plus de 6,000 fr. à ma charge.

A la date du 25 janvier 1867, Monsieur le Préfet du Var avait aussi, lui, maintenu l'approbation, donnée en son nom, à la délibération précitée, se fondant sur l'examen de mon dossier et les explications fournies par Monsieur le Sous-Préfet. Monsieur le Préfet comme Votre Excellence, ne se prononçait pas sur la délibération du 8 août 1866, beaucoup plus grave que celle du six, et sentenciait comme vous le faites, de la manière la plus sommaire, sans indiquer ni mes *errements* ni les qualités civiques du nouveau maire, M. Lacroix, habile en bien des choses, je le reconnais.

Peu au courant des conflits qui ont pour auteur principal, un homme dont on ne voit que la main ; encore moins au courant de la nature des explications fournies par Monsieur le Sous-Préfet à Monsieur le Préfet, puisque ce haut fonctionnaire s'est refusé de me les communiquer, après en avoir fait la base de son jugement sommaire du 25 janvier, j'ai la confiance que Votre Excellence, se souvenant de M. Pinard, procureur général, sera d'avis que le rapport de Monsieur le Préfet du Var, qui a motivé sa décision sommaire du 22 juillet, doit m'être communiqué. Sur ce rapport, je confesserai mon impuissance à continuer la lutte ; ou bien par un contredit, avec pièces et notes à l'appui, je le mettrai à néant, et ferai triompher la cause que je poursuis devant le Conseil d'Etat ; cause qui intéresse, ainsi que j'ai eu l'honneur de le dire à Votre Excellence, dans ma lettre du vingt-quatre juillet, les principes conservateurs de l'Empire, bien plus que mon infime personnalité et la personnalité encore plus infime de mon adversaire, M. Lacroix.

J'étais, Monsieur le Ministre, dans l'attente de mon dossier et d'une copie du rapport de Monsieur le Préfet du Var à mon endroit ; le premier annoncé, dans votre dépêche du 22 juillet, le second que je vous demandais, dans ma lettre du 24, lorsqu'on est venu m'annoncer l'apposition, sur les murs de la ville, d'un placard de Votre Excellence contre moi, pauvre petit maire par intérim d'une petite ville, qui a le plus petit esprit de bien juger les situations, les influences, et le mauvais goût, de ne se prêter à aucune intrigue. S'il en était autrement, à cette heure, Excellence, je n'aurais pas l'honneur de relever le fait ; de m'en féliciter et de vous faire connaître un détail de plus, qui vous fixera mieux, sur l'étendue de la délicatesse de mon successeur M. Lacroix, qui s'est permis d'afficher votre dépêche en soulignant un passage que Votre Excellence n'avait souligné, ni dans celle que j'ai eu l'honneur de recevoir, ni dans celle adressée à Monsieur le Préfet.

Samedi 1er août, notre petite ville très calme, lorsque M. Lacroix ne la trouble pas par ses arrêtés, avait l'honneur de lire votre dépêche à Monsieur le Préfet du Var, tout comme s'il s'était agi d'une élection, et que Votre Excellence eût promis de satisfaire aux vœux de la population, en érigeant la commune, en chef-lieu de canton.

Affiches blanches ! apposition avec solennité ! que fallait-il de plus ? Rien. Aussi, tout le monde a pu lire et moi copier ce qui suit :

Le Maire de la ville de La Seyne a l'honneur de porter à la connaissance de ses administrés, la dépêche de Monsieur le Ministre de l'Intérieur que Monsieur le Préfet vient de lui transmettre :

Paris, 22 juillet 1868.

MONSIEUR LE PRÉFET,

Le sieur Durand, ancien maire par intérim de la commune de La Seyne, a formé devant moi un recours contre une décision du 25 janvier 1867, par laquelle vous avez approuvé, une délibération municipale du 6 août 1866, qui déclare laisser à sa charge personnelle, les sommes que pendant son administration intérimaire, il a dépensées en dehors des crédits ouverts et sans autorisation du Conseil.

De son côté, le sieur Rossi, marbrier, à Toulon, m'a adressé une réclamation, tendant à obtenir le paiement d'un monument qu'il a exécuté en 1866, d'après les ordres du Maire de La Seyne.

Les explications contenues dans votre rapport et l'examen des pièces démontrent que le sieur Durand a méconnu les règles les plus essentielles de la comptabilité communale et que le CONSEIL MUNICIPAL N'A FAIT QU'USER DE SON DROIT, EN REFUSANT d'admettre une certaine catégorie de dépenses, parmi lesquelles figurent les travaux exécutés par le sieur Rossi.

En conséquence, j'informe le sieur Durand que je ne donnerai aucune suite à son recours.

Je préviens également le sieur Rossi que je ne peux accueillir sa réclamation, sauf à lui à se pourvoir ainsi qu'il avisera.

Je vous renvoie les pièces de l'affaire, en vous priant de faire parvenir au sieur Durand celles qu'il m'avait transmises directement.

Recevevez, Monsieur le Préfet, etc.

Le Ministre de l'Intérieur,
Pour le Ministre,
Le Conseiller d'Etat, Secrétaire Général,
Signé : DE BOSREDON.
Pour copie conforme :
Signé : B. LACROIX.

Voilà le placard, Monsieur le Ministre, qui n'a que le tort de venir deux ans trop tôt.

Beaucoup trop naïf et un peu timide, au début du conflit
municipal, qui prend sa date du jour de *l'avènement (sic)* de
M. Bernard Lacroix à la mairie de La Seyne, il me parut par
la confiance que m'avait témoignée l'autorité supérieure du Var
et les SYMPATHIES que je m'étais acquises auprès des agents de
M. Béhic, à La Seyne, qu'il me suffirait de prouver que la délibération du 6 août, n'était pas l'œuvre du Conseil Municipal,
mais bien celle de M. Lacroix, ou plutôt d'un secrétaire quelconque de Toulon. Que celle du 8 août, en réponse à ma lettre
au Conseil Municipal, lettre convenable, faite pour éclairer les
conseillers, s'ils avaient voulu voir le conflit créé par M. Lacroix
au lieu de s'en tenir à un vote purement passif, était une ma-
nœuvre inhabile, devant servir d'étai à un système percé à jour,
et qu'il me suffirait, de réfuter un à un les arguments
servant de base au laissé pour compte, ainsi que je l'ai fait dans
un mémoire imprimé, pour voir annuler la première comme
étant un caprice d'un cerveau malade, la seconde, qui me
blâme jusqu'à me faire rire, qui élève M. Lacroix jusqu'à le
faire rougir, pour être un précédent dangereux, d'un conseil
délibérant d'aveugles.

Je me suis trompé, Monsieur le Ministre, Monsieur le Préfet
du Var, ainsi que vous l'avez fait vous-même, ne répond pas à
la demande d'annulation de la délibération du 8 août, tout
comme si je ne l'avais pas régulièrement saisi de la question, et
maintient sur le vu de mon dossier et les EXPLICATIONS fournies
par Monsieur le Sous-Préfet, l'approbation donnée à la délibération du 6 août, ce qui me surprend autant que s'il avait sen-
tencié que 1 et 9 font 19.

En effet, Monsieur le Ministre, tous les les préfets de l'Empire
sont au courant d'un budget quelconque; comment Monsieur le
Préfet n'a-t-il pas vu en jetant un coup d'œil sur la délibération
du 6 août, cela, pour ne faire qu'une citation, que l'article 26
relatif au pavage, m'ouvrait un crédit de 6,000 fr.; que sur ces
6,000 fr. je pouvais reconstruire deux ponceaux; que les ponceaux de jonction des rues aux quais, se composent de culées

en pierre de taille et de tabliers en plateaux de chêne ; que l'une et l'autre de ces dépenses, devaient être imputées sur l'article 26 et que l'étourderie seule, un parti pris quelconque ou une bonne foi obtuse , le tout ensemble peut-être, ont porté le faiseur de classement, à mettre la dépense des culées des ponceaux à ma charge, et à faire payer mal à propos sur l'article 25, les plateaux de chêne servant de tablier, au conseiller municipal qui les avait fournis et facturés. Est-ce clair et a-t-on besoin d'être préfet de l'Empire pour voir ces choses là ! ! !

Les bornes de ma lettre, Monsieur le Ministre, ne comportent pas d'autres redressements; cependant encore ceux-ci à l'adresse de M. Martel, mon prédécesseur, signataire de la délibération et co-participe de M. Lacroix dans toute cette affaire.

M. Martel avait un crédit ouvert de 1,000 fr. pour l'installation de l'école laïque ; il en dépense 3,000. Loin de l'inquiéter sur ce chef, je propose et le Conseil vote la dépense.

M. Martel impute illégalement sur l'exercice 1866, 514 fr. de frais de bureau, dépensés en 1865 et me laisse à la date du 3 janvier 1866, 186 fr. pour tout l'exercice. Il signe le 6 août de me laisser pour compte la somme de fr. 82 72 et Monsieur le Préfet du Var ne trouve rien à dire. A-t-il bien vu ?

M. Martel commande, pendant qu'il est maire, pour 86 fr. de travaux de serrurerie. Le 6 août, il signe la délibération qui me laisse pour compte ses dépenses et les miennes. Et Monsieur le Préfet du Var sur les explications fournies par Monsieur le Sous-Préfet, trouve comme Votre Excellence, que J'AI MÉCONNU LES RÈGLES DE LA COMPTABILITÉ COMMUNALE. J'ai le droit de ne pas être de l'avis de Monsieur le Ministre, comme je n'ai pu l'être de Monsieur le Préfet du Var, et sans avoir, je le reconnais, un passé administratif remarquable, je peux me présenter devant le Conseil d'Etat avec la confiance, que 1 et 9 ne font que 10 et jamais 19. M. Lacroix peut en être certain.

Mais pour cela, Monsieur le Ministre, Votre Excellence doit

comprendre que de même que j'ai soumis toutes les pièces de ma défense à Monsieur le Préfet, qui a pris plusieurs mois pour les examiner ; de même, je dois être en mesure de répondre à l'argumentation du rapport de l'affaire, dressé contre mon système de défense, par Monsieur le Sous-Préfet de Toulon. Votre Excellence me permettra de laisser courir sous ma plume un adage qui traduit ma pensée : Qui n'entend qu'une cloche n'entend qu'un son. Or, jusqu'à présent je ne connais que mon dossier, votre dépêche qui ne m'apprend rien, celle de Monsieur le Préfet, qui ne m'apprend pas autre chose, qu'un maintien d'approbation, résultant de l'examen du dossier et des explications fournies par Monsieur le Sous-Préfet de Toulon. Jugez de ma déception, Monsieur le Ministre, de voir ce haut fonctionnaire détruire par ses explications, toute l'espérance que j'avais fondée sur mon dossier. Qu'a donc pu dire Monsieur le Sous-Préfet, lui qui est si discret et parle si peu, tout comme moi dans les cas solennels ? Je n'en sais rien. Monsieur le Préfet n'a pas voulu me le dire, et dans le cas où ma dernière lettre à Votre Excellence, demeurerait sans effet à l'endroit de la remise d'une expédition du rapport de Monsieur le Préfet, permettez-moi, Monsieur le Ministre, un examen de conscience de mon court passage en qualité de maire par intérim, par la volonté de Monsieur le Sous-Préfet de Toulon, sanctionnée par la satisfaction générale des habitants de La Seyne, qui ne sont pas difficiles; cela, pour le plus grand déplaisir d'un petit nombre de personnes, qui ne sont à La Seyne que pour y gagner beaucoup d'argent sans trop travailler, et sans trop d'ennui.

Je m'examine donc, et si le rapport m'arrive, ce sera tant de fait pour la défense de ma cause devant le Conseil d'Etat.

Je commence, Monsieur le Ministre, par ce que je n'ai pas fait.

Je n'ai jamais dénoncé les fonctionnaires publics, pas même Monsieur le Curé de La Seyne, pour ses prônes sur le denier de saint Pierre.

Je n'ai révoqué aucun employé de la commune.

Il n'est pas vrai que j'en fusse, au moment de ma chute, à mon quarantième agent de police ; attendu que j'en ai trouvé deux en prenant le service ; que l'un m'a quitté pour cause de santé, et que l'autre suffisait largement à tous les besoins pour le plus grand bien de mes administrés, beaucoup plus malins qu'ils veulent le dire.

Je n'ai pas fait de virements de fonds.

Je n'ai employé ni mes amis , ni mes serviteurs privés à l'allégement de la caisse municipale.

Je ne me suis pas proposé de chemin. .

Buvant de l'eau, je n'ai jamais reçu de pot de vin.

Je n'ai jamais fait mon rôti, avec les becs croisés de la forêt .

Je n'ai jamais colporté ce que je tenais de mes supérieurs.

Je n'ai jamais retenu un procès-verbal de contravention.

Je n'ai jamais entravé l'action du parquet.

Je n'ai jamais rien caché, dissimulé ou atténué, en matière de crime ou de délit.

Je n'ai jamais toléré que les bons de pain et de viande, fussent adressés à des femmes déclassées , au point de vue des mœurs, et j'ai toujours voulu que les chaussures fussent réservées aux plus honnêtes comme aux plus nécessiteuses, qui se passent de brodequins claqués.

Je n'ai jamais entravé l'enseignement communal, sous le prétexte absurde de respecter l'égalité dans l'ignorance.

Je ne suis pas l'auteur du placard :

LA RUE SAINT PIERRE EST INTERDITE POUR LES VOITURES *(sic)*

Je n'ai jamais donné d'INQUIÉTUDE à l'autorité supérieure.

Je suis sur de cela !

Permettez-moi, Monsieur le Ministre, de vous dire ce que j'ai fait :

Pendant l'épidémie, vous le savez.

Après l'épidémie, la question des récompenses étant devenue, tout-à-coup, le quart-d'heure de Rabelais, la Municipalité de La Seyne fut à la veille de se disloquer, bien mal à-propos. Je fus décoré, ce ne fut pas ma faute. Tous les dévoûments ne le furent point ; ce ne fut pas davantage ma faute.

M. Lacroix ne le fut pas, pour s'être sauvé des premiers ; ce ne fut pas ma faute non plus, et cependant je devais payer les violons de toutes ces déceptions affolées, en acceptant l'intérim, par suite de la démission de M. Martel.

Par mon acceptation, je donnai le temps à l'autorité supérieure de trouver, dans le Conseil Municipal ou en dehors du Conseil, un homme qui satisfît, mieux que je n'aurais pu le faire moi-même, à la double condition d'être utile au gouvernement et agréable à la très haute et très puissante compagnie anonyme des forges et chantiers ; qui n'est devenue quelque chose, que par la rare aptitude qu'ont pour les constructions navales, les enfants de La Seyne, qui ne comptent pas pour grand'chose, lorsqu'il s'agit du choix d'un maire.

J'arrive à ce que j'ai fait :

J'ai accepté l'intérim de la mairie, que j'ai gardée cent-dix jours.

J'ai convoqué pendant ces cent-dix jours, trois fois le Conseil Municipal de La Seyne ; absolument pour le laisser ÉTRANGER à ce que je faisais pour le pays.

J'ai fait de ma petite ville, en cent-dix jours, un charmant petit pays. J'ai initié mes administrés aux services communaux en publiant les délibérations et mes comptes de dépenses : toutes choses que je conseille à M. Lacroix, pour lui assurer un second AVÈNEMENT.

J'ai fait beaucoup de choses, toutes utiles, je le crois ; toutes agréables à la population, même à l'usine des forges, qui ne doit pas trouver mauvais, que je lui aie donné une belle route pour le transport de ses matières ; encore moins mauvais que j'aie rendu à jamais impossible, le renouvellement d'un abonnement, servant jusqu'à fin mai dernier, à son exonération du droit d'octroi sur les charbons.

Il est dit dans les délibérrtions dont je poursuis l'annulation : Que j'ai compromis les finances de la commune. Monsieur le Préfet du Var a dû lire cela, et Votre Excellence aussi. Si Monsieur le Préfet, qui me parait n'avoir pas tout vu de mon administration TRACASSIÈRE et GASPILLEUSE, avait dit à Monsieur le Ministre qu'en cent-dix jours je pouvais dépenser, 38,000 fr. résultant du prorata des ressources annuelles de la commune , et que j'en avais à peine dépensé 10,000. Que d'un autre côté, j'avais obtenu de la Compagnie des Forges, la somme de 30,000 fr. payable en deux annuités ; ce qui fait que la Commune avait en caisse et en promesse au moment de ma CHUTE. , la somme de 68,000 fr. pour en payer 10,000 de dépensés , Votre Excellence eût trouvé très mauvais que M. Lacroix vint crier au gaspillage des deniers communaux, et que par mesure de compensation, il fit mettre à ma charge personnelle la somme de plus de 6,000 fr.

Il ne faut pas entrer dans plus de développements, Monsieur le Ministre, pour convaincre Votre Excellence, que l'admission de mon recours aurait satisfait davantage votre serviteur et l'attente de la population de La Seyne, mieux placée que Messieurs le Préfet du Var et le Sous-Préfet de Toulon pour juger la situation municipale que je n'ai pas créée. J'aborde l'affaire du buste de Napoléon Ier par Canova et de la modeste colonne en marbre, qui est prète à le recevoir depuis vingt-huit mois, sous le règne de Napoléon III, en présence d'une population étonnée.

Je laisse de côté, ne croyant pas digne d'y répondre , toutes les fables qui ont été colportées de la Mairie à la Sous-Préfecture, à Draguignan et enfin dans le cabinet de Votre Excellence. Je n'attendais de cette inauguration , de laquelle nul n'a été informé que MM. Montois et Coupier, je le certifie, ni une rosette, ni un siége au Sénat, ni la succession à votre portefeuille. Pouvais-je attendre ma nomination à la Mairie de

La Seyne ? Ces fonctions quoique gratuites, sont néanmoins sollicitées avec chaleur par les plus capables, sous le double rapport du savoir et des titres, et je confesse que n'étant pas capable de rédiger une délibération dans le style élevé de celle du 2 mars et n'ayant pas même suivi nos armées en qualité de débitant de boissons réconfortantes, je n'ai ni sollicité, ni fait solliciter par moi-même, ou par mandataire ; malgré les chances que je comptais, venant de mes amis, agents principaux ou chefs de l'usine des forges et chantiers de la Méditerrannée.

Il faut cependant dans cette confession *in-extremis*, que je n'oublie rien de ce qui est vrai, pour laisser à Votre Excellence le regret d'une mesure, qui remet à plus tard la SOLUTION d'une affaire qui a de nombreux côtés plaisants, mais aussi quelques côtés sérieux où ma personnalité est la moindre des choses.

Le buste en marbre de Napoléon Ier par Canova, buste authentique et l'un des chefs-d'œuvre du maître, a été donné par M. Mourgue, de Lyon ; le même qui en sa qualité de docteur en médecine, dirigé par Monsieur le Sous-Préfet de Toulon, sur La Seyne désolée par le choléra, a accompli des actes de charité et de dévoûment si nombreux, que la population ne l'oubliera jamais, pas plus qu'elle n'oubliera le docteur Prat, M. Combal, officier de santé, et M. Hugues, pharmacien, dans une certaine mesure.

Ce buste fut déposé chez moi pour qu'il n'eût pas le sort de celui du roi Louis-Philippe, par l'immortel Pradier, qu'un *mécréan* eut la sauvagerie de briser. Toute la population sait cela, je devais prévenir le retour d'un pareil acte, en mettant le buste en sûreté, tout en laissant à la population et aux conseillers les moyens de le visiter.

Donné par M. Mourgue, le marbre historique, que plus d'une ville de premier ordre envie à La Seyne, ne pouvait pas demeurer sans destination; et sans m'arrêter au déplaisir qu'une dizaine de personnes pouvait éprouver, en voyant le buste de Napoléon Ier par son artiste affectionné, sur l'une des places de la ville, où le futur empereur devait se révéler pour la première fois, je décidai de soumettre mon projet au Conseil Municipal, qui voulut, à l'unanimité, que le buste du premier consul, fût placé sur une colonne en marbre à l'extrémité du Cours.

A l'appui de mon dire qui n'a rien de commun avec celui de M. Lacroix, Votre Excellence peut lire les délibérations qui furent prises à ce sujet, par les mêmes conseillers qui ont signé la délibération du 2 mars sous l'inspiration de M. Lacroix, le nouveau maire, désigné à Monsieur la Ministre, pour le plus grand bien, la prospérité de nos finances et l'égalité dans l'enseignement !

Extrait du Livre des Délibérations.

Séance du 18 février 1866.

Le Conseil Municipal, à l'UNANIMITÉ, accepte avec reconnaissance le buste de Napoléon Ier, par Canova, offert, et vote des remerciments à M. Mourgue, dont La Seyne gardera le souvenir.

Le Conseil Municipal, à l'UNANIMITÉ, décide que le buste sera placé à l'extrémité du Cours.

Monsieur le Maire expose que le buste offert par M. Mourgue, exige un monument en *marbre blanc*, qui coûtera AU MOINS QUINZE CENTS FRANCS, propose qu'il soit ouvert une souscription publique pour cet objet, et que, séance tenante, la ville y soit inscrite pour 200 fr.

L'honorable M. Berny, ancien maire, doyen du Conseil, trouve cette somme insuffisante et demande qu'elle soit portée à 600 fr.

Le Maire dit que la somme de 200 fr. est suffisante, qu'il faut laisser à la population, à l'usine et au collége, leur part d'initiative.

Le Conseil, à l'unanimité, vote un crédit de 200 fr. pour ouverture de la souscription publique pour le monument dont il s'agit. (Cette délibération est approuvée par Monsieur le Préfet, le 13 mars).

Ont signé: DURAND, BRUN, BERNY, BARRALIER, ROUSSET, JOUVENCEAU, JOUGLAS, VERLAQUE, MABILY, CURET, LAURENT, OLIVE, ANDRIEU, ARGENTERY, FERRANDIN, DÉCUGIS et GIRAUD.

Ainsi que Votre Excellence pouvait le voir, en s'éloignant du point d'optique de Monsieur le Préfet, pour examiner cette dernière question, le buste a été accepté à l'unanimité des membres présents du Conseil Municipal, et par les mêmes membres l'ouverture de la souscription eût été fixée à 600 fr., si je n'avais tenu à en exiger moins, *provisoirement*, ainsi que cela se pratique partout dans l'espèce, pour laisser à la population, sa part d'initiative. Il s'agissait d'une dépense totale de moins de 2,000 fr., et la personne honorée était Napoléon-Bonaparte, premier consul, fondateur de la dynastie régnante! De bonne foi, ai-je beaucoup trop fait, Monsieur le Ministre, et me suis-je écarté des règles des affaires communales?

Sur ces preuves, Votre Excellence ne le pensera plus et l'opposition faite par M. Lacroix à ce monument, en présence des délibérations précitées prouvera une chose : que ma prétendue manière de comprendre la gestion d'une commune est plus que rationnelle, et que la décision de Monsieur le Préfet du Var et la vôtre, je le dis à regret, ne sauraient l'être.

Je suis un homme de lutte, soit.

Je suis un homme ayant joué un rôle dans mon parti, soit encore ; mais puisque au 2 décembre les bras de l'Empereur se sont ouverts aux hommes des anciens partis qui étaient les plus pressés, et qu'il ne les a pas fermés depuis, je ne peux me faire à l'idée que M. Coupier, notre sous-préfet, et M. Montois, notre préfet, pour être ralliés du jour, mettent en suspicion mon adhésion du surlendemain, alors que j'ai prêté deux serments à la dynastie, et deux serments sérieux comme les autoritaires les tiennent.

Ces serments je les ai prêtés :

Le premier, à l'occasion de l'élection au Corps Législatif, où j'eus l'honneur d'avoir 285 voix, qui me coûtèrent en moyenne 7 fr. 13 cent. 3 millimes et une déception. Le second, à l'occasion de mon élection de conseiller municipal et de ma nomination de premier adjoint, double succès qui m'a valu : -- une brochure verte des plus élogieuses venant de l'usine ; un procès avec *Le Toulonnais ;* un procès avec mes co-participes, qui m'ont pris pour un chat, que je ne suis pas, se prenant pour des singes qu'ils sont, avec la malice moins l'agilité ; toujours, ils ont payé les marrons. Enfin, le conflit actuel qui n'est pas prêt de finir, par la faute de Votre Excellence, qui sans le malencontreux rapport de Monsieur le Préfet m'aurait donné mon *exeat,* j'en suis certain ; si d'un autre côté, cette maxime peu gouvernementale, que l'autorité la plus élevée doit avoir raison contre les autres, n'avait pas été appliquée à mon cas.

Eh bien, Monsieur le Ministre, il me semble que tout pouvait être concilié, la maxime et mon droit. En effet, je n'ai jamais rien eu avec mes supérieurs ; docile comme un agneau, j'allais à l'appel de leur voix, de leur dépêche, avec la confiance des brebis de Mme Deshoulière, sur les près fleuris de l'autorité supérieure, ce qui ne m'a pas empêché d'être remplacé à la Mairie de La Seyne comme un malotru, qu'on expédie sans lui donner ses huit jours.

Malgré ma timidité et ma soumission, Excellence, je n'ai pas pu me faire à cette idée-là, ayant été mal appris au point de croire encore aujourd'hui, qu'à l'exception de M. Lacroix qui tient du *bachi-bouzouck,* tous les fonctionnaires d'un rang tant soit peu élevé, connaissent les règles des convenances, et cela étant, je ne vois pas pourquoi Monsieur le Ministre, votre secrétaire se sert des expressions, le sieur Durand, le sieur Rossi dans votre dépêche, à Monsieur le Préfet, alors que dans celle que vous m'avez fait l'honneur de m'adresser, tout en m'annonçant une déception enveloppée comme les pilules amères, de sucre et d'amidon, vous me qualifiez du mot, Monsieur, et m'assurez de votre considération, ce qui fait digérer bien des choses, quelle que soit la délicatesse de l'estomac.

Toujours, dans mon sujet, je m'écarte, Monsieur le Ministre, du point principal et je vous en demande pardon bien humblement. A propos du buste de Napoléon Ier, que le Conseil ne veut plus sur nos places publiques, pour être agréable à

M. Lacroix, après l'avoir voulu par deux délibérations, je demande le droit de priorité et Votre Excellence, avec moi, opposera les décisions municipales prises par dix-sept membres, c'est-à-dire, l'unanimité des présents, à la séance du 18 février 1866, à la décision du 2 mars 1868 ; et pour vous convaincre de l'esprit et du bon goût de M. Lacroix à mon endroit et sur cette affaire du buste, je ne peux mieux faire, Monsieur le Ministre, que de me laisser défendre par M. Lacroix lui-même en imprimant *in-extenso* son DISCOURS et la délibération, avec les noms des membres présents.

Séance du 2 mars 1868.

Le Conseil Municipal de la commune de La Seyne,

A été assemblé au lieu ordinaire de ses séances, sous la présidence de M. LACROIX, Bernard, maire, ensuite de l'autorisation donnée le 26 février dernier par Monsieur le Sous-Préfet.

Ont été présents à cette assemblée : MM. LAURENT, MADILY, GIRAUD, BRUN, HUGUES, ARGENTERY, FERRANDIN, JAINE, AUDIBERT, ANDRIEU, OLIVE, JOUGLAS, PRAT, MARTEL, ROUSSET et BERNY.

La séance étant ouverte,

Monsieur le Maire donne connaissance au Conseil d'une pétition du sieur Rossi cadet, marbrier, à Toulon, par laquelle il réclame le paiement d'un monument en marbre, composé d'un piédestal et d'une colonne, qui était destiné pour y placer le buste de Napoléon Ier, don fait par le sieur Mourgue, dentiste, de Lyon.

Dans cette pétition, le sieur Rossi, formule diverses allégations malveillantes et mensongères qui ne tendraient à rien moins qu'à faire croire que j'aurais pu contribuer d'une manière quelconque à empêcher l'inauguration de ce monument et la réalisation des sommes nécessaires pour son travail et ses fournitures.

Cette opinion se trouve confirmée par la citation dans cette même pétition d'un passage d'une lettre du sieur Durand adressée au sieur Rossi où il est dit : que les souscriptions ont été paralysées par mon avènement.

Je laisse sans réponse toutes ces allégations malveillantes, elles ne méritent même pas la peine d'être réfutées. L'autorité et le Conseil Municipal se rappellent l'état de ma santé, pendant cette période d'agitation ; il m'était difficile de paralyser quoi que ce soit me trouvant alité depuis plus de quatre mois et dangereusement malade.

Mais il est indispensable que le Conseil Municipal prenne en considération la pétition du sieur Rossi et décide s'il est oui ou non fondé dans ses réclamations.

A cet effet, Monsieur le Maire dépose sur le bureau le dossier de cette affaire et invite le Conseil à en délibérer.

Le Conseil Municipal,

Ouï, l'exposé ci-dessus de Monsieur le Maire,

Considérant que les promoteurs de l'érection d'une colonne pour y placer le buste du grand homme, étaient des gens trop connus par leurs antécédents pour que le public prît au sérieux leurs démonstrations de Bonapartiste.

Considérant qu'il y a mensonge et malveillance que de venir imputer soit au Maire, soit au Conseil Municipal, dont les sympathies et le dévoûment à l'Auguste Dynastie des Napoléon ne sauraient être suspectés, d'avoir paralysé des souscriptions ayant pour but le paiement des frais de la colonne.

Délibéré à l'unanimité, la fourniture faite par le sieur Rossi, marbrier, n'ayant pas un caractère communal, reste à la charge personnelle du sieur Durand qui l'a commandée, ainsi qu'il en a été délibéré dans la séance du 6 août 1866, et afin de faire disparaître de la voie publique les traces de cette affaire, dont l'image du grand homme n'était qu'un prétexte, le Conseil Municipal prie l'autorité de vouloir bien prendre au plus tôt une décision pour arriver à ces fins.

Confirme et approuve la lettre du 10 août 1867 de Monsieur le Maire de La Seyne adressée à Monsieur le Sous-Préfet de Toulon, en ce qui concerne les dépenses ayant un caractère municipal.

Ainsi fait et délibéré à La Seyne, les jours, mois et an que dessus et ont, les délibérants, signé au registre.

Je n'ajoute plus rien, Votre Excellence, en lisant cette élucu-

bration d'un cerveau malade, qu'une écharpe de maire et l'idée
d'un buste de Canova, sur une place publique rendent maniaque,
n'a plus qu'à se demander ce que nous sommes réellement au
point de vue des principes. Pour moi, je l'ai dit, j'appartiens à
une école qui ne transige pas avec les serments prêtés; et, bien
que M. Coupier m'ait violemment pris au collet, et jeté par la
fenêtre, sur les rangs de l'opposition, me relevant qu'un peu
contusionné, je suis rentré de nouveau dans le parti de l'ordre
et de la liberté, par sa grande porte légale. Pour M. Lacroix et
deux ou trois autres qui parlent de leur Bonapartisme! Que
Votre Excellence, soit sans inquiétude; la boussole a trente-
deux aires; ces messieurs sont dans l'habitude de les toucher
toutes en passant; sans danger aucun pour celles qu'ils quit-
tent, sans avantage réel pour celle qu'ils viennent aborder.

Pour eux, les aires sont des perchoirs; un coup d'aile, un peu
de vent; une grande flexibilité de dos; un peu de musique, sur
la *Boulangère a des écus*, et un peu de dévoûment dynastique
sur les délibérations, suivi d'un peu de protestation de dévoûment à l'Empire, semblent leur assurer un pouvoir municipal,
auquel ils attachent le plus grand prix; et contrairement au
vœu de la population et du Conseil Municipal sous mon administration, la colonne du Cours est veuve de son buste malgré
les décisions légalement prises, l'approbation du Préfet, les
fonds votés, les souscriptions offertes, par les chevaliers de la
Légion-d'Honneur et les médaillés de Saint-Hélène; enfin,
l'offre faite par M. Mourgue, de payer la dépense pour répondre
au vœu de la population, faire cesser un conflit municipal que
son attachement à La Seyne a produit, en offrant un chef-
d'œuvre que M. Lacroix seul n'a pu apprécier, n'éprouvant
rien pour les arts, l'histoire et la politique.

ET CELA SERAIT APPROUVÉ SOUS LE RÈGNE DE NAPOLÉON III!
Monsieur le Ministre, j'ai la confiance que le Conseil d'État
en décidera autrement?

Sans le droit d'imprimer ma réponse, au placard de Votre
Excellence, sur les murs de La Seyne, la population, assourdie

par le bruit municipal et les soulignés de certains passages; et, vous-même, Monsieur le Ministre, ignoreriez ce que je pense de la mesure et les arguments que je lui oppose, malgré mon respect pour un ministre de l'Empereur et mon désir de ne pas déplaire. La liberté de la presse est donc utile, puisque sans cette liberté, tout en m'époumonant à crier que j'ai raison et que M. Lacroix a tort, bien que vous soyiez, avec Monsieur le Préfet, quasi de son avis, qui n'est pas le bon, la masse du public ne serait pas éclairé et votre publicité plus puissante que ma voix, laisserait quelques doutes sur ma manière de comprendre l'administration communale ; tandis que pouvant répondre à votre placard, pour ma justification, l'opinion juge et cela ne nuit pas à la cause que je défends, qui pourrait bien être celle de plus d'un maire, pas plus dangereux que moi.

Dès lors, puisque maire debout, ministre et maire tombé, profitons également de la chose ; nous ne pouvons pas mieux faire que d'aimer la liberté de la presse, cette soupape de sûreté des gouvernements, je n'invente pas le mot, qui permet au plus humble, de prouver que 9 et 1 ne font que *10*.

Donc, avec la liberté de la presse, il n'y a que ceux qui préfèrent la courbe à la ligne droite, qui peuvent être mal à l'aise, et encore s'ils sont en place, malgré la liberté de la presse, ils peuvent nous donner de l'ennui ; parce que les ministres, les préfets et bien d'autres ne voient pas tout, lorsqu'ils veulent voir. Et qu'il peut se faire qu'en ne voyant pas bien, un citoyen soit donné pour fou, lorsqu'il n'a que le tort d'être plus sage, que d'autres ; ce qui peut lui valoir des mésaventures, qu'une bonne loi sur l'admission des aliénés dans les asiles, peut seule prévenir.

Depuis la découverte du délire ambitieux qui mène droit à Charenton, si l'on habite Paris ; à Saint-Pierre, si l'on respire l'air embaumé de nos grèves du Var ; tout le monde peut être dans une certaine inquiétude, du moment qu'un ou plusieurs docteurs raisonnant ou déraisonnant par ordre, sur l'état mental d'un citoyen, peuvent diagnostiquer, fort de leur science POSITIVE, que le sujet observé n'a pas la conscience de ses actes ; qu'il est atteint de lypémanie, de monomanie, de manie, de démence ou d'imbécillité ; toutes choses sur lesquelles des Broussais, des Leuret, des Esquirol, des Pinets, des Georget, des Hoffbauer, des Prichard, ne pas confondre avec celui de la fameuse indemnité, paraissent s'entendre fort peu.

Dire que les autorités que je viens de citer seraient divisées sur la question de savoir si M. Lacroix, maire de La Seyne, est atteint du *délire artistique*, malgré un commencement de preuve, tiré de son horreur pour le buste de Napoléon I*r*, par Canova, et que sur l'invitation d'une autorité, les docteurs Prat, Daniel et Hugues pourraient, dans un rapport motivé, déclarer notre premier magistrat hypocondriaque, tendant à devenir lypémanique ; que ce cas constitue un état latent de folie, que les opérations chirurgicales développent en affectant les centres nerveux ; et que dès lors, ils considèrent la maladie comme incurable et le sujet dangereux pour la sécurité publique. V'lan, voilà M. Lacroix jeté dans son panier à salade et conduit sous bonne escorte à Saint-Pierre, pour y réfléchir sur les vicissitudes de la carrière administrative.

Les mêmes praticiens, et ceci me donne à réfléchir, Monsieur le Ministre, peuvent sur l'ordre de M. Lacroix, qui, en sa qualité de maire peut le faire, m'inviter par un moyen adroit à passer dans leur cabinet, et là causant des affaires de la commune de La Seyne, des délibérations, de la sollicitude de l'usine pour les borgnes, les manchots, les éclopés et les jambes de bois, laissés à la charge de notre population ; il peut se faire, que je ne sois pas de l'avis de MM. Prat et Hugues, sur les affaires des délibérations, et en désaccord avec M. Daniel sur les questions de sollicitude. La controverse s'échauffant, moi ne voyant pas le piége à cause de la faiblesse de ma vue, cette fraction de la faculté de Montpellier pourrait dire dans un rapport, que je n'ai pas la conscience de mes actes et que je suis atteint d'un délire Ricardo-municipal, variété du genre ambitieux, avec intermittence de fièvre-Lacroix-maniaque, compli-

quée d'une tendance à l'*unisophobie*. V'lan, à mon tour, je me
vois collé sur une charrette, n'ayant pas de panier à salade,
n'étant pas allé en Crimée ; et comme l'asile Saint-Pierre peut
être encombrée en peu de temps, par les éliminés de la société
moderne, M. Lacroix me fait les honneurs de son cabanon, et
une seconde fois je lui sers de passe-temps, pour le plus grand
bien de son cerveau et l'altération du mien.

Vous voyez, Monsieur le Ministre, où nous allons si la mesure
se généralise ; quel que soit mon respect pour tous les docteurs
de France en général, ma confiance en MM. Prat, Daniel et
Hugues en particulier, il me paraît plus sûr pour nous tous
citoyens français, que nos gouvernants grands et petits con-
fient à la vigilance des parquets de l'Empire le soin de nous
poursuivre pour nos tocades, à nos magistrats en TOGE le soin
de les apprécier ; il pourra se faire que leurs décisions ne soient
pas du goût de tout le monde, même du nôtre ; mais au moins
la brèche faite à notre liberté sera circonscrite, et les affaires
de l'Empire n'en iront pas plus mal ; dans le cas contraire,
Venise avait inventé les bagues de succession ; notre manie
d'avancement social, se généralisant, pourrait généraliser aussi
les cas de démence en les classant par ordre, genre et espèces ;
aussi élastique que le délire ambitieux, qui n'a pas de caout-
chouc qui l'approche.

En terminant, Monsieur le Ministre, permettez-moi de con-
clure :

Je n'ai jamais connu les explications fournies par Monsieur
le Sous-Préfet à Monsieur le Préfet.

Je ne connais pas davantage celles de Monsieur le Préfet à
Votre Excellence.

Moi, j'ai rendu mes moyens de défense publics, pour me con-
former aux règles élémentaires de toute discussion sérieuse.

Il en est résulté que Monsieur le Préfet n'a pas été de mon
avis et Votre Excellence non plus.

J'ai demandé à Monsieur le Préfet une enquête contradictoire à La Seyne, pour faire triompher le système dont M. Lacroix a accepté la paternité.

M. le Préfet m'a fait l'honneur de ne pas répondre à ma demande.

J'ai fait la même demande à Votre Excellence, elle m'a fait le même honneur.

Ainsi, en l'an de grâce 1868, sous le règne de Napoléon III, Monsieur le Préfet et Monsieur le Ministre, m'ont refusé l'enquête contradictoire à La Seyne, qui pouvait les éclairer, et me laissent ignorer la valeur des renseignements fournis par Monsieur le Sous-Préfet et Monsieur le Préfet contre mon système de défense? J'en conclus que j'ai raison et que mes adversaires ont tort ; et en attendant qu'un arrêt solennel prononce sur ce conflit étrange.

Je demande avec une nouvelle instance que le buste de Napoléon Ier, par Canova, soit placé sur la colonne qui l'attend depuis vingt-huit mois ; cela, par ordre de Votre Excellence, et que par son ordre aussi, une copie du rapport de Monsieur le Préfet du Var, me soit remise pour que j'en fasse tel usage que j'aviserai.

Dans cette double attente,

Je suis, Monsieur le Ministre,

De Votre Excellence,

Le très-humble et très obéissant serviteur,

F. DURAND,

ancien maire par intérim.

Les *Post-Scriptum* au bas d'une lettre disent d'ordinaire en quelques mots, ce que l'on expose mal en plusieurs pages. Bien qu'il ne soit pas admis de recourir à ce supplément de rédaction, lorsqu'on s'adresse à un personnage, excusez-moi pour cette fois, Monsieur le Ministre, et permettez que je vous donne un extrait de la séance de clôture de la session du 18 février 1866, qui, à elle seule, doit suffire pour condamner le système conseillé à M. Lacroix, et trop légèrement accepté par lui.

Séance du 18 février 1866.

Monsieur le Maire fait connaître au Conseil qu'il compte substituer le gaz à l'éclairage dangereux du pétrole, dans les bureaux de la Mairie. LE CONSEIL APPROUVE CETTE MESURE,

Le Conseil, à l'unanimité, autorise le Maire à faire exécuter par voie de régie et par économie, les travaux de réparation, les fournitures et les travaux d'entretien, en tant que la dépense n'excèdera pas 3,000 fr. (Approuvé par le Préfet, le 7 mars.) (1)

Monsieur le Maire expose que n'ayant plus rien à soumettre au Conseil, il l'invite à FORMULER SES OBSERVATIONS sur les affaires de la commune et les améliorations qui peuvent être faites.

Le Conseil exprime le désir que les travaux entrepris soient poussés avec ACTIVITÉ ; qu'il soit donné suite aux projets qui viennent d'être ADOPTÉS et à ceux qui l'ont été dans la précédente session ; enfin que, toutes les fois que la chose pourra se faire, les maîtres de La Seyne soient mis en concurrence, par des enchères amiables, ainsi que cela *s'est fait* jusqu'à ce jour. (2)

Monsieur le Maire clôture la session.

___

(1) Vote de confiance incontestablement.

(2) Le Maire ne s'est que trop conformé à ce désir des conseillers, qui ont été d'un avis contraire les 6 et 8 août 1866 et 2 mars 1868.